Peinture sur porcelaine

Créer, offrir, partager…

À Cécile

16-18, rue de l'Amiral-Mouchez - 75686 Paris Cedex 14
Tél. : 01 45 65 48 48

ISSN : 1285-2872
ISBN : 2-7072-0490-0

Aude Bernard

Peinture sur porcelaine

Créer, offrir, partager...

créations
massin

Créer, offrir…

et partager…

Une semaine estivale chez Margot et Gaston

Sous le sapin

Pour ma belle-sœur préférée

Pour qui, ça ?

Où sont
passés
les œufs en
chocolat ?

Une belle année
de création
en perspective…

houx
houx
houx

Le niveau de difficulté est indiqué pour chaque modèle :

- ❀ facile
- ❀❀ un peu moins facile
- ❀❀❀ difficile

Nature morte aux pinceaux

Voici une liste non exhaustive du matériel pour peindre sur porcelaine.

Couleurs pour porcelaine. Il existe également des couleurs sans plomb, le déroulement du travail reste le même.
Pinceaux en poils de martre Kolinsky de chez Raphaël série 6228 n° 2, n° 3, n° 4, 8404 n° 0, n° 2/0.
Putois Léonard n° 2, n° 4, n° 6.
Pinceau éventail n° 6, brosse plate kaerell n° 14, pinceau kaerell n° 6.
Pinceau sifflet et tournette.
Couteaux.
Crayon Stabilo, feuille de carbone adaptée à la porcelaine, calque, pointe en métal.
Porte-plume et plume Atome.
Pointe caoutchouc.
Médium à peindre MX 54, essence de girofle, d'aspic ou de lavande.
Térébenthine, alcool ménager.
Carreau.
Chiffon de coton, vieux tee-shirt, pique-olives et coton.
Règle, épingle et pince à épiler, ciseaux, lame de cutter.
Vernis à réserver, rubans adhésifs de différentes largeurs, film étirable, papier absorbant.
Trace-filet, diviseur.
Disque-éponge, éponges de cuisine végétales.
Or mat et or brillant, platine brillant, essence pour or. Pinceau réservé à l'or ou au platine, gomme à or, gratte-bosse.
… et le carnet, indispensable pour noter les couleurs utilisées, les méthodes spécifiques et le déroulement du travail.
Le porte-revues dans lequel on gardera ses calques et divers documents prélevés dans les journaux et les magazines.

Raphaël 879 KAERELL FRANCE
Raphaël 8354 KAERELL FRANCE
Raphaël 772
Couleurs pour Porcelaine
Porcelain Colours
SCHIRA
SENNELIER
Decor 2 M
68, rue Crillon
69006 LYON
Tél. : 78 89 54 40
Nr. 32
Schriftschwarz
ateliers
COULEUR VITRIFIABLE
VERT MOUSSE
ESSENCE DE LA
pour porcelaine.
F 44600 SAINT-NAZAIRE
PORCELAINES
LAUSANNE
MEDIUM UNIVERSEL
NICHT EINNEHMEN
Vernis
à réserver
SCHIRA porcelaines
de Bourg 25 · LAUSANNE

La cuisson

Le travail de peinture étant terminé, il faut cuire la pièce pour fixer la couleur dans la porcelaine. Selon l'objet, la cuisson pourra atteindre 860 °C.

L'achat d'un four n'est pas indispensable au début. Certains magasins qui vendent le matériel de peinture sur porcelaine ont souvent leurs propres fours et accepteront de cuire votre travail.

Mais ouvrir son four après plusieurs heures de cuisson est bien excitant et l'on résiste mal à l'envie un jour d'en posséder un. Certaines règles sont à respecter pour une cuisson optimale.

L'achat de la porcelaine

Un cadeau de naissance, un service à offrir à sa fille ou à sa belle-fille, une multitude de présents à disposer sous le sapin de Noël, des moments à partager entre amis, les idées ne manquent pas…

Pousser la porte de la boutique et admirer les empilements d'assiettes de toute taille et de toute forme bien souvent à même le sol, se retourner et contempler le savant rangement des tasses, vide-poches et autres coupelles, vases, plats à tarte et jolies cafetières, nous avons l'embarras du choix… encore faut-il bien acheter la porcelaine.

Les pièces de porcelaine proposées dans les magasins ou sur les marchés sont de deuxième choix, il y a donc un ou plusieurs défauts, même s'ils sont bien souvent minimes. Munis d'un chiffon, à nous de les trouver.

– Les points noirs ne sont pas bien graves, mais inesthétiques.

– Les retraits d'émail de même.

– Les porcelaines fêlées sont à proscrire, l'objet risque fort de se casser à la cuisson.

– Vérifier soigneusement les anses des tasses. Si elles sont plus ou moins décollées de la tasse en elle-même, elles risquent de se détacher lors de la cuisson.

Les roses se cuisent dans le haut du four, les rouges dans le bas. Il faut surélever certaines grosses pièces au moyen d'une pernette, sinon elles risquent de se casser lors de l'élévation de la température. Tout cela est expliqué dans les modes d'emploi.

Le tracé

On peut réaliser très rapidement de jolies créations sans pour autant être un pro en dessin. Différents moyens existent pour nous aider à exécuter un travail propre et précis.

Avant tout, bien nettoyer la porcelaine à l'alcool ménager.

Le crayon à porcelaine

Il sert à dessiner le motif directement à « main levée » sur la porcelaine ou à prendre des repères.

Le calque et la feuille de carbone spéciale porcelaine

Il suffit de décalquer le motif choisi, puis de le reporter sur la porcelaine. Centrer le calque, le maintenir avec du ruban adhésif et intercaler la feuille de carbone entre le calque et la porcelaine, côté foncé au contact de celle-ci. Au moyen d'une pointe fine en métal, une aiguille à tricoter peut tout à fait convenir, transposer le modèle.

Le poncif

Il sert à reproduire plusieurs fois un même dessin. Décalquer le modèle, le percer de petits trous avec une épingle, poncer le dos du calque avec du papier-émeri fin. Préparer une « poupée de chiffon » en tissu de coton. Gratter un bout de fusain sur du papier-émeri fin et prélever la poudre avec la « poupée de chiffon ». Passer celle-ci sur le poncif maintenu par des rubans adhésifs sur la porcelaine. La poudre de fusain va passer par les trous.

Il est inutile d'effacer les traces de crayon, de carbone ou de fusain à la fin du travail de peinture, celles-ci disparaîtront à la cuisson.

Le trace-filet

C'est un instrument qui comprend un certain nombre de trous. Il va servir à tracer des cercles sur l'aile d'une assiette ou des lignes sur un vide-poches par exemple. Astuce : marquer au feutre indélébile un chiffre (trou 1, trou 2, trou 3…) en regard de chaque trou. Il servira de référence par la suite.

Le vernis à réserver

Il se présente sous forme d'un liquide assez épais en général rose fuchsia. Avec un pinceau peu fragile mais ayant une belle pointe, poser le vernis à réserver sur le motif ou à l'extérieur de celui-ci. Bien laisser sécher. Nettoyer le pinceau à l'eau claire et lui refaire sa pointe. Une fois le travail de peinture terminé, ôter le vernis

à réserver au moyen d'une épingle et d'une pince à épiler. Avant la cuisson, vérifier qu'il ne reste pas de vernis à réserver sur la porcelaine, dont il pourrait abîmer l'émail.

Les rubans adhésifs

Il existe sur le marché plusieurs largeurs de ruban adhésif, ce qui se révèle intéressant pour réaliser des bayadères par exemple.

Grâce au ruban adhésif, on obtiendra des lignes parfaitement rectilignes. Pour en faciliter le retrait à la fin du travail de peinture, replier une de ses extrémités. Bien appliquer le ruban adhésif sur la porcelaine, sans laisser de bulles, la peinture ne s'y infiltrera pas, ce qui évitera un travail de nettoyage par la suite.

Le diviseur

Comme son nom l'indique, il sert à diviser la pièce de porcelaine en 3, 4, 5, 10, 12... parts égales. Poser l'objet à l'envers sur le diviseur et le centrer. Marquer des points de repère en regard du chiffre désiré avec le crayon à porcelaine. Par exemple, pour diviser une assiette en 7 parties égales, marquer les points en regard de tous les chiffres 7 inscrits sur le diviseur.

Les astuces

♦ Pour trouver le centre d'une assiette : à l'aide d'une feuille de calque, dessiner le fond d'une assiette, découper ce cercle et le plier en quatre. La jonction des deux pliures représente le centre. Trouer ce dernier au moyen d'une pointe, ce qui permettra de marquer un point sur la porcelaine au travers du trou.

♦ Pour obtenir des rayures convergentes : il suffit de tracer avec une règle les lignes en s'aidant des points diamétralement opposés.

♦ Pour dessiner un petit rond, un feston, une demi-lune, etc. : utiliser un bouton ou une pièce de monnaie.

Préparer la couleur

Il est important de bien préparer sa couleur, le travail n'en sera que plus facile ensuite.

La couleur se présente sous forme de poudre, appelée aussi pigment. Après avoir bien dégraissé le carreau et le couteau à l'alcool ménager, prélever un peu du pigment désiré avec le couteau et le déposer sur le carreau. Ajouter quelques gouttes de médium MX 54. Malaxer la couleur, le mélange doit être un peu pâteux. On peut rajouter par la suite un peu de térébenthine pour fluidifier la préparation.

Si on a mis trop de médium, il suffit d'ajouter du pigment à la préparation. Une couleur contenant trop de médium sera dite « grasse ». À la sortie du four, le travail semblera comme flou. De plus, toutes les petites poussières qui peuvent se déposer sur la peinture durant le travail seront prisonnières de celle-ci. Elles seront visibles après la cuisson.

Il est conseillé d'éviter les épaisseurs lors de la pose de la peinture sur le support en porcelaine, cela risque de s'écailler lors de la cuisson. Il est difficile de cacher ensuite le défaut puisque l'émail a été abîmé.

L'essence de lavande sert à fluidifier la préparation de la couleur, elle évite que celle-ci ne sèche trop vite lors du travail. L'essence de girofle ou d'aspic ont la même propriété.

Peindre

Après avoir chargé le pinceau en couleur, l'appuyer sur la porcelaine puis le tirer vers soi tout en le remontant ou à l'inverse, démarrer le geste avec la pointe du pinceau, puis l'appuyer (pleins et déliés). Si l'on veut rajouter un peu de couleur sur ce que l'on vient de peindre, recharger le pinceau et le passer à l'endroit désiré. Le geste doit être doux comme une caresse. Pour obtenir une couleur très pâle, il suffit de décharger le pinceau de sa couleur en le mouillant dans la térébenthine puis de l'essuyer sur le papier absorbant. Il doit rester très peu de couleur. Recommencer l'opération jusqu'à obtention de la couleur désirée.

Les palettes

Les couleurs se transforment à la cuisson. Le rose layette est brun avant la cuisson, de même, le bleu royal est gris-violet... Pour bien connaître ses couleurs, il est utile de préparer des palettes. Nettoyer méticuleusement le pinceau à la térébenthine, préparer un peu du pigment désiré et peindre sur la palette un trait foncé et un trait clair afin de bien connaître les nuances de la couleur. Écrire au dos de l'assiette, en regard de la couleur, le nom de celle-ci ainsi que son numéro. Il est conseillé de créer des palettes par famille de couleurs, ce qui permet d'ajouter les nouvelles acquisitions par la suite.

Entretien des pinceaux et des éponges

Afin de conserver longtemps ses pinceaux, il est préférable de bien les nettoyer. Tremper le pinceau ou le putois dans la térébenthine, sans écraser la pointe dans le fond du récipient, le laver ensuite au savon de Marseille. Il en sera de même pour les éponges.

Ranger les pinceaux dans une « pochette à pinceaux » ou dans un pot, tête en l'air.

Le nettoyage

« Rien ne sert de courir, il faut partir à point », cela vaut aussi dans l'art de la peinture sur porcelaine, surtout en matière de propreté puisqu'une fois la pièce cuite il est presque impossible de supprimer une tache.

L'assiette

Tenir l'assiette dans une main, prendre une lame de cutter et passer cette lame tout au long du bord à nettoyer. La lame sera mise de biais. Tourner l'assiette en même temps que le cutter. Une ligne blanche se formera. C'est un coup de main à prendre, il suffit d'un peu d'entraînement. On peut aussi centrer l'assiette sur la tournette et passer de même la lame de cutter tout en tournant celle-ci.

Découper un vieux tee-shirt en carrés de 10 cm environ. Emmailloter le carré sur l'index sans faux plis. Passer l'index le long du bord intérieur de façon régulière et décontractée tout en tournant l'assiette. Changer régulièrement de carrés de tee-shirt.

Nettoyage à l'ongle

On peut s'aider de son ongle. Emmailloter un carré de tee-shirt sur l'index, passer l'ongle ainsi emmailloté sur le bord de l'objet en porcelaine dans un geste régulier.

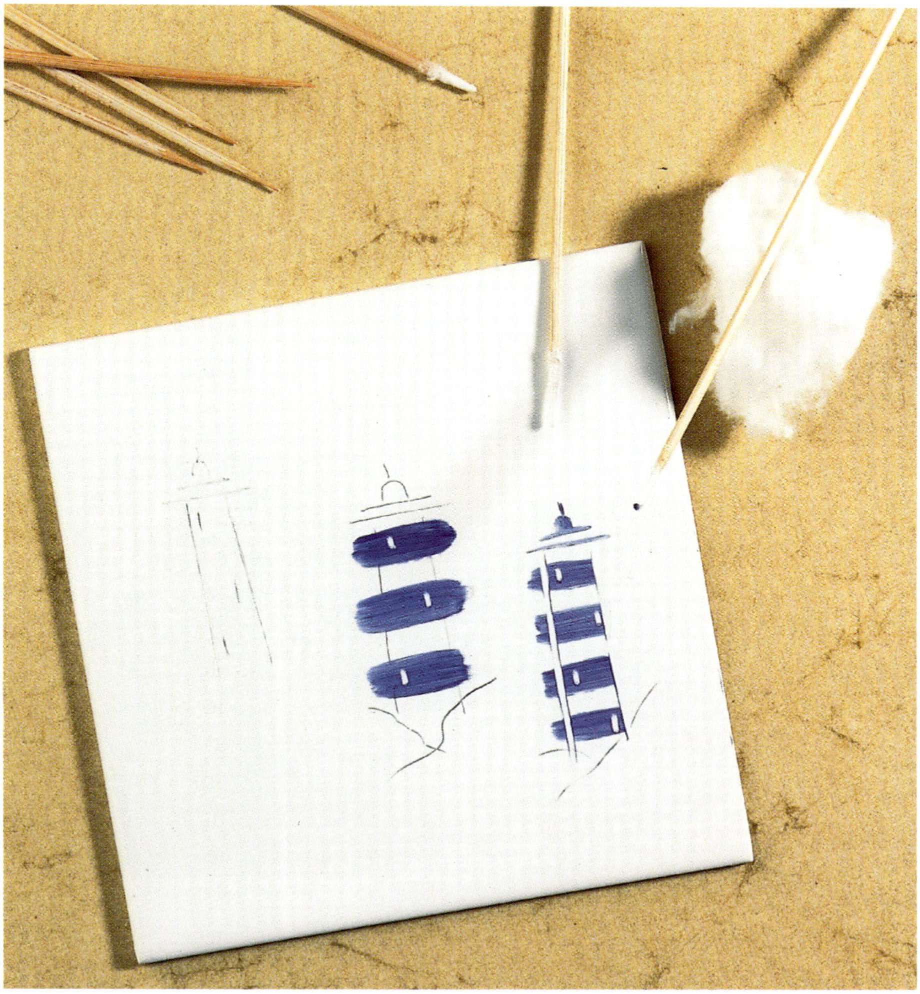

Le vide-poches

Préparer plusieurs bâtonnets de coton. Se mettre à la verticale du vide-poches, le bâtonnet étant à la perpendiculaire de celui-ci, nettoyer d'un seul trait le premier bord, prendre un autre bâtonnet préparé et nettoyer le deuxième bord et ainsi de suite. Si un amalgame se forme malgré tout, reputoiser la ligne créée et nettoyer à nouveau.

Les motifs

Pour nettoyer les contours des différents motifs, s'aider d'un bâtonnet de coton. Pour cela, prendre un petit morceau de coton et l'enrouler fermement sur le bâtonnet. Passer ensuite celui-ci sur le motif à nettoyer. Changer de coton dès que nécessaire. On peut de temps à autre l'humidifier d'un peu d'alcool ménager.

La pointe caoutchouc rendra le même service. L'essuyer régulièrement sur le papier absorbant.

Le pinceau légèrement humidifié d'alcool ménager ou de térébenthine donnera un travail tout en délicatesse. Rincer le pinceau régulièrement puis l'essuyer sur le papier absorbant.

Conseils généraux

Avant la cuisson, vérifier tout l'objet en porcelaine, dessus, dessous, le carré de vieux tee-shirt un peu imbibé d'alcool ménager à portée de main.

Récompense

S'il vous est possible de retourner la pièce en porcelaine sans mettre les doigts sur la peinture fraîche, il vous est enfin permis de signer votre œuvre, d'un simple paraphe en général, mais il n'est pas interdit d'écrire un mot doux !

Les filets

Cela peut paraître étonnant de commencer ce livre par l'explication des filets puisqu'ils finissent en général le travail de décoration proprement dit. La logique en est pourtant simple. Un filet est déjà un décor en soi et il peut être la façon la plus élémentaire d'aborder l'art de la peinture sur porcelaine. Les filets à la tournette demandent un peu d'entraînement, les filets au disque-éponge et « À ma façon » sont beaucoup plus faciles à réaliser.

À la tournette ❀❀❀

vert foncé, brun et bleu toucan

pinceau sifflet

Préparer la couleur en y ajoutant un peu d'essence de lavande et de térébenthine, la préparation doit être assez fluide.

Centrer l'assiette sur la tournette. Régler la tournette à la bonne hauteur ; l'assiette doit se trouver légèrement en dessous du niveau de la table ou du support sur lequel sera posé l'avant-bras.

Bien charger le pinceau de couleur, sans excès non plus. Pour cela, donner deux ou trois coups de pinceau sur le carreau avant de commencer le filet. Poser l'avant-bras sur la table, le pinceau en direction de l'assiette. Actionner avec l'autre main la tige de la tournette de façon très régulière et sans précipitation. Poser la pointe du pinceau sur l'aile de l'assiette et tourner. La couleur va se déposer ainsi. Si on désire un filet plus large, il suffit de continuer à tourner tout en décalant très légèrement le pinceau, mais sans en lever la pointe. Ne pas hésiter à effacer si le résultat n'est pas parfait, c'est un coup de main à prendre.

Au disque-éponge ❀

vert foncé
brun
bleu toucan

disque-éponge

Plier le disque-éponge en quatre et prélever un peu de couleur, le tapoter deux, trois fois sur le carreau pour éviter le surplus de peinture. Prendre l'objet en porcelaine dans une main et tapoter doucement sur le bord de l'assiette ou du vide-poches avec le disque-éponge dans l'autre main. Le geste doit rester souple et identique, afin d'obtenir un filet régulier. Recharger le disque-éponge en couleur de temps à autre.

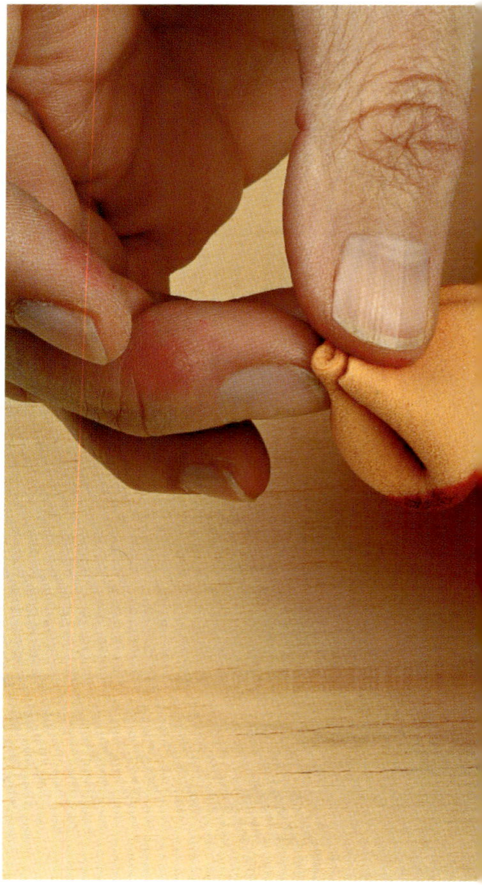

À ma façon

vert foncé
brun
bleu toucan

martre Kolinsky 6228, n° 2

◆ Poser la peinture en de petits coups de pinceau brefs, toujours identiques, de l'intérieur vers l'extérieur de l'assiette, comme une sorte de « brossé ».

◆ Poser la peinture en de petits coups de pinceau brefs allant dans tous les sens, de l'intérieur vers l'extérieur de l'assiette.

Les matières

La valse des rectangles

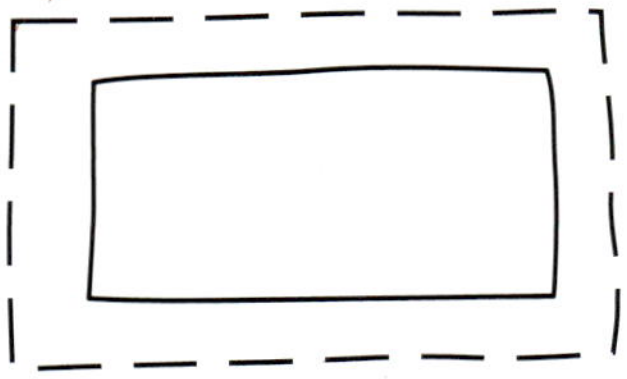

Le putoisage au disque-éponge

Le putoisage au disque-éponge va servir à égaliser la peinture de manière uniforme. On obtiendra ainsi une matière entièrement lisse. La couleur se prépare au médium, auquel il convient d'ajouter quelques gouttes d'essence de lavande afin de rendre la préparation un peu plus fluide. Avec un pinceau Kaerell, étaler la peinture sur la porcelaine. Plier le disque-éponge en quatre et prélever un peu de couleur, tapoter deux, trois fois sur le carreau pour éviter le surplus de peinture. Égaliser la peinture ou « putoiser » ensuite dans un mouvement régulier et léger tout au long du travail.

Si on veut obtenir une couleur très pâle, il suffit d'appliquer très peu de couleur sur la porcelaine. On aura ajouté auparavant un peu de fondant à la préparation pour donner une meilleure brillance et quelques gouttes d'essence de lavande supplémentaires pour que la peinture ne sèche pas trop vite.

vert thym et ocre brun
turquoise clair et jaune Albert foncé
lilas et vert-brun

martre Kolinsky 8404 n° 2/0
disque-éponge
vernis à réserver
ruban adhésif de 0,6 mm de large.

Le service à café

Le service se présente de la façon suivante : les soucoupes et les tasses vont par paires pour les couleurs. Les tasses sont divisées en trois, quatre ou cinq festons.

Explication pour les tasses vert thym et ocre brun.

Au moyen du diviseur, partager la tasse en trois ou quatre ou cinq parties égales.

Avec le trace-filet, mettre le crayon dans le trou n° 1 et tracer une ligne sur la tasse. Mettre ensuite le crayon dans le trou n° 6 et tracer une deuxième ligne.

Dessiner les festons entre les deux lignes.

Poser le vernis à réserver à l'extérieur du feston.

Disposer de façon aléatoire 6 petits rectangles de ruban adhésif de 1 cm de long environ. Poser du ruban adhésif tout autour de ce premier rectangle. Puis ôter le rectangle central.

Préparer la couleur vert thym et la putoiser sur les rectangles.

Préparer la couleur ocre brun et la putoiser sur le feston.

Procéder de même pour l'autre tasse, mais en inversant les couleurs.

Ôter les rubans adhésifs et le vernis à réserver.

Peindre et putoiser les soucoupes, une dans chaque couleur.

Putoiser la partie extérieure de l'anse de la tasse.

Nettoyer et cuire.

Avec le pinceau fin, peindre des pointillés tout au long des rectangles et des festons en inversant les couleurs.

Atout cœur

Utilisation du film étirable

Prendre un morceau de film étirable, le chiffonner en le mettant en boule et tapoter légèrement la couleur, qui aura été putoisée auparavant au disque-éponge.

vert mousse
bleu tendre
framboise
jaune véritable

vernis à réserver
disque-éponge
film étirable

La dinette

Dessiner les cœurs sur la dînette. Poser à l'intérieur de ceux-ci du vernis à réserver.

Préparer une des quatre couleurs en y ajoutant quelques gouttes d'essence de lavande.

Peindre et putoiser la couleur choisie au disque-éponge.

Chiffonner un morceau de film étirable et tapoter de façon harmonieuse sur la couleur.

Ôter le vernis à réserver au moyen d'une épingle et d'une pince à épiler.

Nettoyer si nécessaire et cuire.

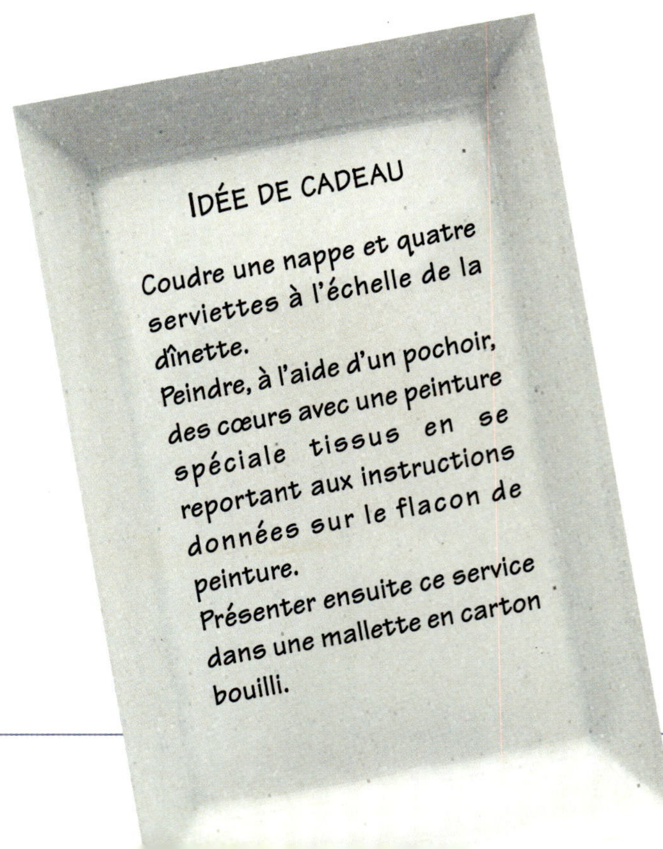

Les feuilles d'automne

Les matières à l'éponge de cuisine

Choisir des éponges naturelles pour la cuisine ou pour les voitures ayant de beaux trous. Elles donneront des matières intéressantes. On pourra imiter le marbre par exemple. Il suffit d'humidifier légèrement l'éponge, puis la tapoter délicatement sur la peinture

ocre
terre de Sienne

martre Kolinsky 8404 n° 0, n° 2/0, 6228 n° 2
Kaerell n° 6
disque-éponge
éponge de cuisine végétale

Le petit-déjeuner

Peindre la couleur ocre sur la porcelaine.

La putoiser au disque-éponge.

Humidifier une éponge de cuisine ayant de jolis trous, la tapoter délicatement sur la couleur.

Avec le pinceau 8404 n° 0 légèrement humidifié de térébenthine, tracer des lignes plus ou moins blanches et plus ou moins régulières.

Éviter « l'effet nouille », c'est-à-dire éviter de créer des lignes molles et rondes, le geste doit être assez vif.

Préparer la couleur terre de Sienne. Avec le pinceau 6228 n° 2, peindre des petites feuilles en deux coups de pinceau.

Peindre en sens inverse la nervure avec le pinceau 8404 n° 2/0.

Nettoyer et cuire.

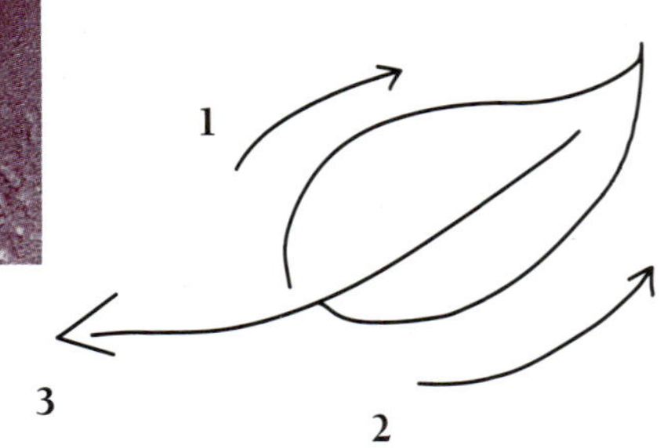

Leçons de pinceaux

Le brossé vertical

L'utilisation de la brosse

La brosse plate va être utilisée ici pour couvrir les ailes des assiettes de manière très simple et pourtant immédiatement décorative.

beige foncé
brun noisette
bordeaux
porto

brosse martre Kolinsky n° 8
Kaerell n° 6
disque-éponge

Préparer la couleur en ajoutant quelques gouttes d'essence de lavande.

Étaler la couleur sur l'assiette avec le pinceau Kaerell n° 6. Putoiser légèrement avec le disque-éponge.

Prendre le pinceau brosse chargé de couleur et le passer délicatement de l'intérieur de l'assiette vers l'extérieur de celle-ci.

Pour éviter le surplus de peinture sur les bords de l'assiette, le geste doit être assez léger.

Passer la lame de cutter sur le bord inférieur de l'aile de l'assiette, puis nettoyer le surplus de peinture avec un morceau de tee-shirt.

Nettoyer le dessous de l'assiette.

Cuire.

Le brossé horizontal

vert empire
vert printanier
vert prairie extra foncé
vert tendre
vert thym
bleu nuit

brosse Kaerell n° 14
pinceau éventail n° 6
ou disque-éponge

Centrer l'assiette sur la tournette. L'assiette doit se trouver légèrement en dessous du niveau de la table.

Préparer la couleur avec quelques gouttes d'essence de lavande.

Étaler la couleur sur l'aile de l'assiette au moyen de la brosse Kaerell. Putoiser légèrement avec le disque-éponge.

Actionner la tournette dans un mouvement régulier avec la main gauche (pour un droitier).

L'avant-bras droit étant posé sur la table, poser le pinceau éventail sur le bord extérieur de l'assiette et le laisser filer doucement vers le bord intérieur de l'aile de l'assiette.

Passer la lame de cutter sur le bord inférieur de l'aile de l'assiette, puis nettoyer le surplus de peinture avec un morceau de tee-shirt.

Nettoyer le dessous de l'assiette.

Cuire.

Le pinceau éventail

Utilisation du pinceau éventail

De même, le pinceau éventail peut être utilisé pour couvrir les ailes des assiettes de manière très simple. Il donnera des matières intéressantes pour décorer des mugs, tasses, bols et autres…

vert canard
porto

Kaerell n° 6
pinceau éventail n° 6

Les verres à dents

Préparer la couleur.

Recouvrir de couleur le verre avec le pinceau Kaerell.

Avec le pinceau éventail, brosser la couleur en de larges mouvements obliques jusqu'à l'obtention d'un ensemble harmonieux.

Nettoyer le bord et le dessous du verre.

Cuire.

vert tendre
brun noisette
or antique

Kaerell n° 6
pinceau éventail n° 6

Les pots de confiture

Préparer la couleur.

Recouvrir le pot de confiture de couleur jusqu'à l'endroit désiré.

Avec le pinceau éventail, tapoter sur la couleur en tournant le pinceau dans tous les sens jusqu'à l'obtention d'un ensemble harmonieux.

Nettoyer le bord et le dessous du pot de confiture.

Cuire.

Les mouvements de pinceau

Les pinceaux ne servent pas simplement à couvrir une surface. On peut obtenir de chacun une écriture spécifique.

Les coupelles rouges ❀❀❀

rouge Chine

brosse Kaerell n° 14

La couleur doit être un peu plus fluide, il suffit d'ajouter de temps à autre de l'essence de térébenthine dans la préparation.

Après chaque étape ci-dessous, tracer une ligne blanche avec l'ongle emmailloté d'un carré de tee-shirt humidifié d'alcool ménager.

Procéder de même pour la base de la soucoupe.

Cuire.

Peindre le rouge en de larges bandes entrecroisées de la base de la coupelle vers le haut de celle-ci.

Peindre le rouge sur la coupelle en passant la tranche du pinceau dans tous les sens.

Peindre le rouge en décrivant des circonvolutions ou « S » très serrés avec le pinceau de la base de la coupelle vers le haut de celle-ci.

Les coupelles bleues ❀❀

bleu de Sèvres

martre Kolinsky 6228 n° 2.

Après chaque étape ci-dessous, tracer une ligne blanche avec l'ongle emmailloté d'un carré de tee-shirt humidifié d'alcool ménager.

Procéder de même pour la base de la soucoupe.

Cuire.

Peindre des vrilles ou serpentins avec le pinceau, en allant dans tous les sens, en passant les uns sur les autres jusqu'à obtenir un ensemble équilibré.

Peindre de longs coups de pinceau en biais de haut en bas et de bas en haut en mettant plus ou moins de couleur jusqu'à obtention d'un ensemble harmonieux.

Peindre des petits points « impressionnistes » sur la coupelle en mettant plus ou moins de couleur. Couvrir ainsi la coupelle jusqu'à obtention d'un ensemble équilibré.

Les rubans adhésifs

Les bayadères

lilas
violet
réséda
vert printanier

rubans adhésifs de 1 cm, 6 mm, 3 mm
disque-éponge

Le travail se réalise en deux cuissons, les violets puis les verts.

Poser les différents rubans adhésifs sur la porcelaine de façon aléatoire afin d'obtenir différentes largeurs de rayure et en ménageant de grands espaces pour les verts. Pour faciliter le retrait des rubans adhésifs à la fin du travail de peinture, replier une de ses extrémités. Bien appliquer le ruban adhésif sur la porcelaine, sans laisser de bulles, la peinture ne s'y infiltrera pas, ce qui évitera un travail de nettoyage par la suite.

Peindre et putoiser le lilas et le violet sur les espaces sans ruban adhésif.

Ôter les rubans adhésifs.

Nettoyer et cuire.

Poser les rubans adhésifs sur les parties déjà peintes, puis en ajouter d'autres afin d'obtenir différentes largeurs de rayure verte.

Peindre et putoiser les verts.

Ôter les rubans adhésifs.

Putoiser au disque-éponge les anses en violet ou en vert printanier.

Nettoyer et cuire.

Le vitrail

jaune d'or
citron vert
vert printanier
vert empire
turquoise clair
bleu toucan
bleu nuit

ruban adhésif de 3 mm
disques-éponges

La grande assiette

Disposer les rubans adhésifs sur toute l'aile de l'assiette afin de former des polygones.

Prendre un disque-éponge par couleur.

Peindre et putoiser les différentes couleurs sur les polygones.

Amener légèrement sur chaque bord des polygones un peu de la couleur qui le jouxte, du bleu nuit sur le bleu toucan ou sur le jaune d'or, du vert printanier sur le vert empire ou sur le jaune citron…

Ôter les rubans adhésifs.

Nettoyer les bords de l'assiette.

Cuire.

Les céramiques asiatiques

	Feuilles	Tiges	Rayures et pointillés
Assiette 1	brun noisette	beige foncé	bordeaux
Assiette 2	beige foncé	brun noisette	porto
Asiette 3	porto	bordeaux	beige foncé
Asiette 4	bordeaux	porto	brun noisette

La grande assiette

martre Kolinsky 6228 n° 2, 8404 n° 2/0
brosse martre Kolinsky n° 8
ruban adhésif 1 cm et 3 mm

Soit diviser l'assiette en 12 parties égales au moyen du diviseur. Tracer les lignes diamétralement opposées. Poser les rubans adhésifs de 1 cm sur l'aile de l'assiette en alternant soit à gauche, soit à droite par rapport à la ligne, afin d'obtenir des rayures de deux largeurs différentes. Pour faciliter le retrait des rubans adhésifs, replier une de ses extrémités. Bien appliquer le ruban adhésif, sans laisser de bulles, la peinture ne s'y infiltrera pas, ce qui évitera un travail de nettoyage. Dessinez deux cercles à l'aide du trace-filet à quelques millimètres des bords de l'aile de l'assiette.

Soit reporter le dessin sur l'assiette.

Peindre les petites feuilles en un coup de pinceau, en appuyant puis en remontant le pinceau vers soi à la fin du geste, dans la couleur désirée avec le pinceau 6228 n° 2.

Peindre les nervures et les tiges avec le pinceau 8404 n°2/0 dans la couleur désirée.

Peindre les pointillés dans la couleur désirée avec le pinceau fin.

Pour réaliser les rayures, utiliser la brosse. Passer délicatement le pinceau chargé de couleur de l'intérieur vers l'extérieur de l'assiette.

Ôter les rubans adhésifs, nettoyer et cuire.

La petite assiette

brosse martre Kolinsky n° 8, martre Kolinsky 6228 n° 2, 8404 n° 2/0
disque-éponge

Reporter le dessin au centre de l'assiette et peindre les petites feuilles dans la couleur désirée en correspondance avec la grande assiette.

Pour l'aile de l'assiette, préparer la couleur en ajoutant quelques gouttes d'essence de lavande. Étaler la couleur sur l'assiette avec le pinceau Kaerell n° 6. Putoiser légèrement avec le disque-éponge.

Prendre le pinceau brosse chargé de couleur et le passer délicatement de l'intérieur de l'assiette vers l'extérieur de celle-ci. Afin d'éviter le surplus de peinture sur les bords de l'assiette, le geste doit rester assez léger.

Passer la lame de cutter sur le bord inférieur de l'aile de l'assiette, puis nettoyer le surplus de peinture avec un morceau de tee-shirt. Nettoyer le dessous de l'assiette. Cuire.

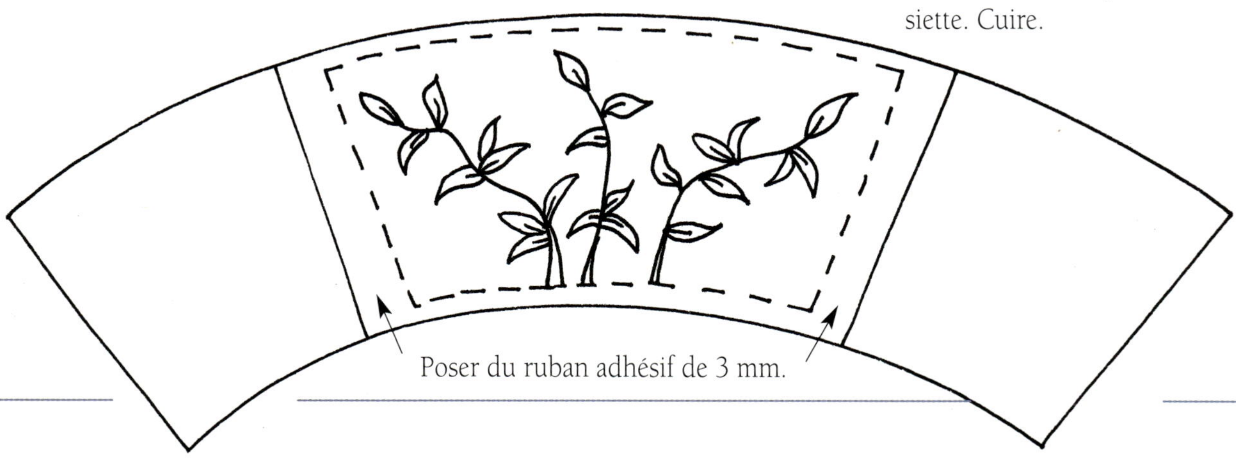

Sertis à la plume ou au pinceau

Le serti à la plume

Ce travail s'effectue avec différentes plumes. La plume Atome est recommandée pour un tracé très fin. On peut aussi utiliser des plumes à pointes plus larges pour un tracé plus gros.

Il existe différentes façons de préparer la couleur.

Le serti au sucre

L'avantage du serti au sucre est qu'il est inutile de cuire le tracé avant de continuer le travail, le médium ou la térébenthine ne se mélangeant pas à l'eau.

Nettoyer tous les ustensiles à l'alcool ménager afin de les dégraisser.

Déposer un peu de pigment sur le carreau de faïence. Les diviser en six parties égales.

Frotter deux morceaux de sucre l'un contre l'autre, la quantité de sucre correspondra à 1/6 de pigment.

en ajoutant quelques gouttes de ce liquide au pigment.

Il suffit ensuite d'ajouter une goutte d'eau quand le mélange sèche et de nettoyer la plume régulièrement.

Le serti au médium

Il est nécessaire ici de procéder à une cuisson avant de continuer le travail.

Mélanger un peu de pigment au médium MX 54. Ajouter une goutte d'essence de lavande ou de girofle pour fluidifier la préparation.

Le tracé au pinceau fin

Préparer la couleur au médium et ajouter 1 ou 2 gouttes d'essence de lavande pour fluidifier le mélange. Utiliser un pinceau très fin pour exécuter ce travail.

Le travail à la plume se réalise sans appuyer sur celle-ci au cours du travail.

Il faut avoir un geste souple et décontracté.

Il ne faut pas non plus écrire trop vite, ce n'est pas de l'encre.

Le trait ne doit pas être épais, d'abord parce que cela n'est pas joli mais surtout parce que le tracé risque de s'écailler et d'abîmer ainsi la porcelaine.

Ajouter 1 ou 2 gouttes d'eau à l'aide d'un compte-gouttes et mélanger.

Tester cette préparation avec la plume sur un coin du carreau et laisser sécher quelques secondes.

Si le serti s'efface facilement lorsqu'on passe un doigt sec dessus, le mélange manque de sucre. En ajouter un peu et refaire le test.

Si le serti brille à la lumière rasante, le mélange contient trop de sucre. Ajouter un peu de pigment et refaire le test.

Au cours du travail, l'eau du serti s'évapore, il suffit d'ajouter une goutte d'eau.

Le serti sèche aussi sur la plume, la nettoyer de temps en temps.

Il existe dans le commerce des sertis au sucre tout prêt. Préparer la couleur

Les vases chinois

bleu marine
framboise
vert printanier
jaune bouton d'or

plume Atome
martre Kolinsky 8404 n° 0
disque-éponge

Dessiner différents vases dans la coupelle en les disposant harmonieusement.

Préparer le serti avec la couleur bleu marine.

Tracer le contour du vase à la plume.

Ajouter les différents petits éléments à l'intérieur du vase, c'est-à-dire les traits, les festons, les tiges…

Cuire.

Peindre au pinceau fin les feuilles de bambou ou les fleurs ainsi que les masses bleues qui peuvent être putoisées ensuite.

Retourner la coupelle et préparer la couleur framboise, verte ou jaune. Peindre et putoiser la couleur choisie au disque-éponge.

Nettoyer et cuire.

Poser le vernis à réserver sur les vases, laisser sécher. Peindre et putoiser au disque-éponge l'intérieur de la coupelle.

Ôter le vernis à réserver, nettoyer et cuire.

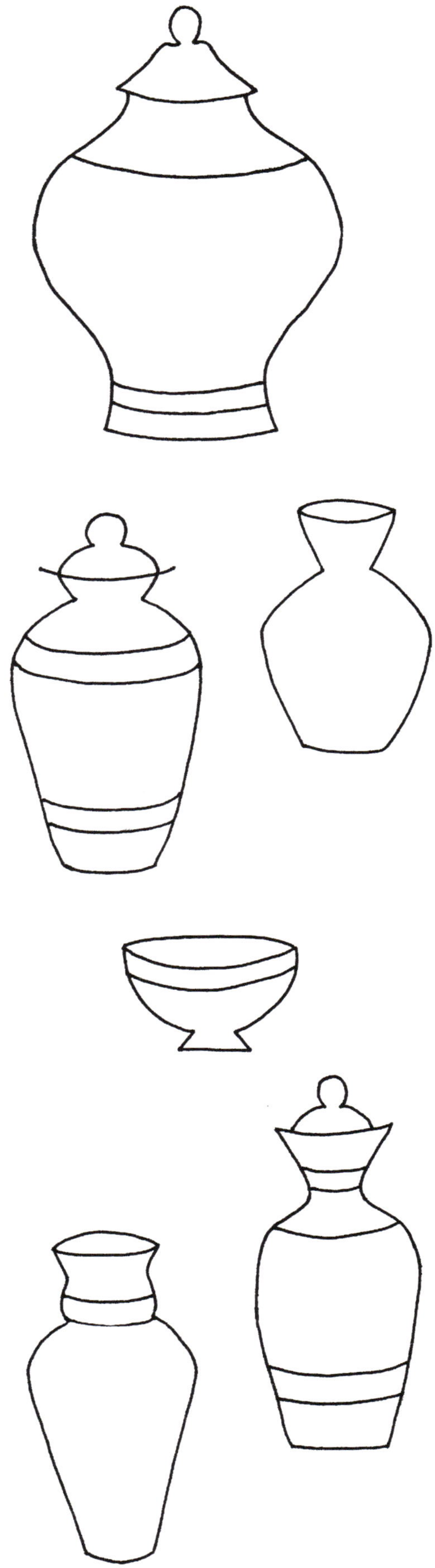

Les moutons

noir

martre Kolinsky 8404 n° 0
éponge de cuisine

Le tracé au pinceau fin

Préparer la couleur au médium et ajouter 1 ou 2 gouttes d'essence de lavande pour fluidifier le mélange. Utiliser un pinceau très fin pour exécuter ce travail.

Les bols

Décalquer les différents moutons à égale distance sur le bol.

Préparer la couleur noire et peindre le contour des moutons au pinceau fin ou à la plume.

Cuire

Humidifier l'éponge de cuisine, prendre un peu de couleur sur l'éponge et tapoter celle-ci sur le mouton, il ne faut pas avoir peur de déborder du contour pour obtenir un résultat plus harmonieux.

Nettoyer et cuire.

Les carreaux

Décalquer un grand mouton sur le carreau de faïence.

Peindre le contour du mouton au pinceau en noir.

Cuire.

Humidifier l'éponge de cuisine, prendre un peu de couleur sur l'éponge et tapoter celle-ci à l'intérieur ou à l'extérieur du contour du mouton. Ne pas hésiter à déborder.

Nettoyer et cuire.

Pour la cuisson des carreaux, il est préférable de surélever le carreau au moyen de pernettes disposées sous les quatre coins du carreau. Il y a toujours un risque de casse des carreaux au moment de la cuisson.

Idée de cadeau

On peut encadrer les carreaux de faïence avec une baguette en bois brut que l'on peindra avec de la peinture acrylique noire et blanche en utilisant le même procédé.

Les motifs

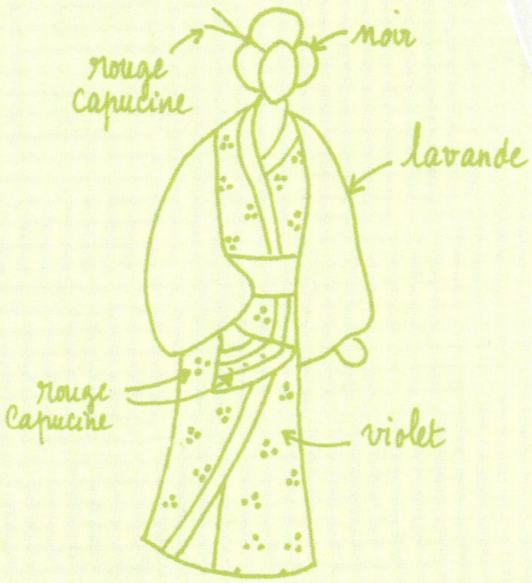
rouge
Capucine
noir
lavande
rouge
Capucine
violet

houx
houx
houx
houx

Tulipes, bleuets, marguerites...

Les fleurs sont un grand classique dans le décor des pièces de porcelaine.

Les violettes

Les petites assiettes

Ces fleurs sont créées uniquement en quelques coups de pinceau. Placer des croix pour l'emplacement des futures fleurs au moyen du crayon à porcelaine.

La violette

violet, jaune bouton d'or, vert-jaune, vert mousse

martre Kolinsky 8404 n° 0

La fleur

Commencer par les deux pétales du haut de la fleur en prélevant chaque fois un peu de couleur violette. Peindre de l'extérieur du pétale vers le centre en remontant légèrement le pinceau à la fin. Peindre de même le troisième pétale central. Pour les deux petits pétales latéraux, aller au contraire du centre de la fleur vers l'extérieur.

Peindre le cœur en jaune.

La tige et la feuille

Peindre la tige en vert jaune, du haut de la fleur vers le bas.

Peindre les feuilles en vert mousse en partant de l'extérieur de la feuille vers la tige. Commencer par la feuille centrale puis peindre les latérales sans recharger le pinceau.

Cuire.

L'inconnue

La marguerite

La marguerite

pourpre de rose
jaune bouton d'or
vert foncé

martre Kolinsky 8404 n° 2, n° 2/0, n° 0

La fleur

Préparer la couleur pourpre de rose. Avec le pinceau 8404 n° 2, peindre les pétales de l'extérieur de la fleur vers le centre en remontant légèrement le pinceau à la fin du geste.

Peindre le cœur de la fleur en jaune avec le pinceau 8404 n° 2/0.

La tige et la feuille

Peindre la tige en vert foncé.

Avec le pinceau 8404 n° 0, peindre les feuilles en commençant par le haut de celles-ci. Peindre d'abord la partie droite en démarrant du centre pour aller vers l'extérieur tout en remontant le pinceau à la fin du geste. Répéter l'opération autant de fois, mais en réduisant petit à petit la longueur du trait. Peindre la nervure centrale de la pointe de la feuille vers la tige centrale.

Cuire.

Le trèfle

grenat, vert printanier, vert foncé

martre Kolinsky 8404 n° 2/0 et n° 1

La fleur

Avec le pinceau 8404 n° 2/0, peindre la fleur en grenat. Commencer par le sommet de la fleur. Poursuivre en donnant des petits coups de pinceau allant de l'extérieur vers le centre de la fleur et en descendant progressivement. Finir par un dernier pétale central.

La tige et la feuille

Peindre en vert les deux sépales en allant du centre vers l'extérieur. Peindre la tige dans un mouvement arrondi.

Peindre les feuilles en deux coups de pinceau et commencer par les feuilles latérales.

Cuire.

Le bleuet

bleu de Delft
noir
vert tendre

martre Kolinsky 8404 n° 2/0, et 6228 n° 3

La fleur

Préparer la couleur bleu de Delft. Commencer par le pétale central. Avec le pinceau fin, prélever un peu de couleur, poser le pinceau sur la porcelaine et le tirer doucement vers soi afin de créer le pétale. Peindre de même les deux pétales extérieurs sans reprendre de couleur et en passant le pinceau sur le bas du pétale central. Peindre de même les pétales latéraux.

Peindre les petites barbes en noir, mais cette fois-ci en partant du centre de la fleur vers l'extérieur.

La tige et la feuille

Préparer la couleur verte. Peindre le cœur et la tige avec le pinceau fin, puis peindre les feuilles avec l'autre pinceau. Pour cela, poser le pinceau près de la tige et aller vers l'extérieur. Pour les feuilles pliées, démarrer de même près de la tige, faire un premier mouvement en remontant le pinceau puis changer de direction, sans que le pinceau n'ait quitté l'assiette et poursuivre le mouvement en tirant le pinceau vers soi.

Cuire.

L'inconnue

jaune bouton d'or
rouge capucine
vert prairie extra-foncé.

martre Kolinsky 8404 n° 0, n° 2/0
et 6228 n° 3

La fleur

Préparer les couleurs jaune et rouge. Avec le pinceau fin, prélever du jaune et commencer par le cœur de la fleur. Appuyer le pinceau, puis le soulever jusqu'à sa pointe vers l'extérieur de la fleur. Procéder de même avec les trois autres pétales. Poser ensuite une petite touche de rouge en guise de pistil.

La tige et la feuille

Préparer la couleur verte. Avec le pinceau fin, peindre la tige. Avec le pinceau moyen, peindre les deux feuilles. Pour cela, partir du haut de la feuille en appuyant le pinceau, puis le soulever progressivement en descendant vers le bas de la tige.

Cuire.

La tulipe

rouge capucine
vert empire

martre Kolinsky 8404 n° 2/0 et 6228 n° 3

La tige et la feuille

Préparer la couleur verte. Avec le pinceau fin, créer la tige de la tulipe. Avec le pinceau moyen, peindre les deux feuilles. Pour cela, partir de la base de la tige, appuyer le pinceau chargé de couleur, le tirer dans un joli mouvement arrondi tout en le soulevant au fur et à mesure du geste. Terminer uniquement avec la pointe du pinceau. Procéder de même avec la deuxième feuille en faisant démarrer celle-ci sur la base de la première.

La fleur

Préparer la couleur rouge. Avec le pinceau fin, partir de la base de la fleur et peindre le pétale central, puis peindre les deux autres pétales, toujours dans un mouvement arrondi, d'abord en appuyant le pinceau puis en le soulevant progressivement jusqu'à la pointe.

Cuire.

Les grandes assiettes

vert empire, vert prairie extra-foncé, vert foncé, vert-jaune, vert printemps, vert tendre, selon le vert employé pour chaque fleur.

brosse Kaerell n° 14
disque-éponge

Centrer l'assiette sur la tournette. L'assiette doit se trouver légèrement en dessous du niveau de la table.

Préparer la couleur avec quelques gouttes d'essence de lavande.

Étaler la couleur sur l'aile de l'assiette à l'aide de la brosse Kaerell. Putoiser légèrement avec le disque-éponge.

Actionner la tournette dans un mouvement régulier avec la main gauche (pour un droitier).

L'avant-bras droit étant posé sur la table, poser le pinceau sur le bord extérieur de l'assiette et le laisser filer doucement vers le bord intérieur de l'aile de l'assiette.

Passer la lame de cutter sur le bord inférieur de l'aile de l'assiette, puis nettoyer le surplus de peinture avec un carré de tee-shirt.

Nettoyer le dessous de l'assiette.

Cuire.

La tulipe

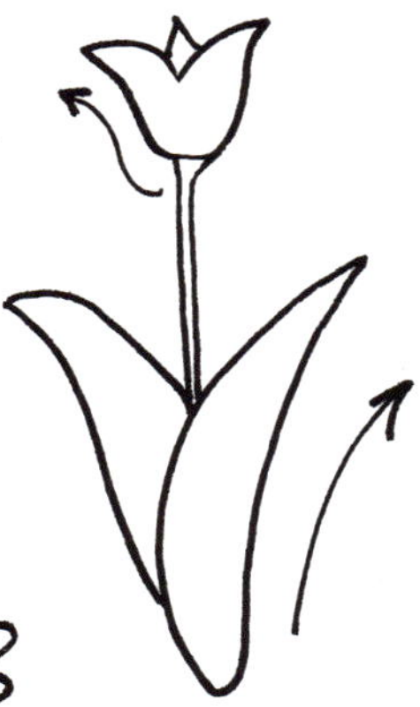

Le bleuet

Le trèfle

Les coquetiers nid

Coquetier n° 1
vert empire, vert réséda, vert-jaune, brun loutre, terre de Sienne, brun chocolat.

Coquetier n° 2
vert thym, vert-jaune, jaune Albert foncé, brun croûte, terre de Sienne, ivoire.

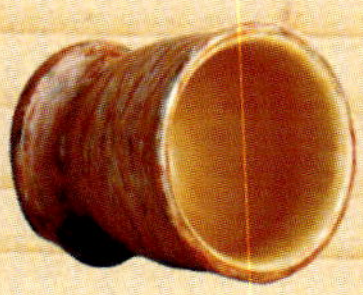

Coquetier n° 3
vert thym, brun croûte, brun noisette, ivoire, terre de Sienne.

Coquetier n° 4
brun et vert, ivoire, tabac, terre de Sienne.

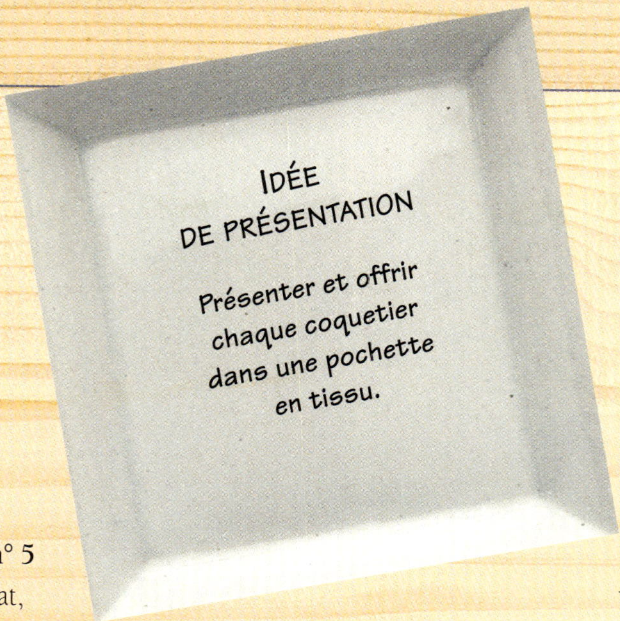

Coquetier n° 5
brun chocolat,
brun loutre,
terre de Sienne.

Coquetier n° 6
vert foncé, brun loutre, brun chocolat, brun et vert, terre de Sienne.

Tous les intérieurs des coquetiers seront peints en terre de Sienne.

martre Kolinsky 6228 n° 2,
8404 n° 2/0,
brosse martre Kolinsky n° 8

Préparer les différentes couleurs pour chaque coquetier.

Réaliser des brindilles de différentes couleurs en commençant par les plus claires. Elles se croisent et s'entrecroisent. De temps à autre, ajouter des petites mousses vertes sur certains coquetiers.

Pour que la matière du nid ressorte bien, il faut insister sur les contrastes (clair-foncé).

Cuire.

Repeindre quelques brindilles, si vous le jugez nécessaire.

Avec la brosse plate, peindre l'intérieur du coquetier en commençant par le fond de celui-ci, puis en remontant vers l'extérieur.

houx
houx
houx
houx
houx
houx
genévrier
gui
gui
gui
gui
gui
gui

Houx, gui, genévrier ❀❀❀

Utilisation des pinceaux putois

Le pinceau putois, ou putois, sert à égaliser la peinture pour que l'on ne voie plus les coups de pinceau, mais il sert surtout à modeler le sujet choisi comme la cerise, l'olive, la feuille… Il peut également être utilisé pour créer une matière dans un travail plus moderne. Il suffit de tapoter doucement avec le putois afin d'obtenir l'effet désiré.

Le gui

vert feuillage
vert réséda
vert prairie extra-foncé
vert lichen

martre Kolinsky 6228 n° 2
8404 n° 0, n° 4, putois n° 4

Diviser l'assiette en six parts égales au moyen du diviseur. Avec le trace-filet, dessiner deux cercles (trou n° 3 et n° 6 du trace-filet, cela en fonction de la largeur de l'aile de l'assiette).

Décalquer la branche de gui sur l'assiette ainsi que les boules de gui sur l'aile de l'assiette.

Préparer les verts. Avec le pinceau 8404 n° 4, peindre les feuilles en vert feuillage en un coup de pinceau de l'extrémité de la feuille vers le centre. Appuyer le pinceau et le relever au fur et à mesure. Continuer son geste sans se préoccuper de l'emplacement des boules. Piocher un peu de vert prairie extra-foncé et passer le pinceau délicatement sur la feuille, le geste doit être doux comme une caresse.

Effacer le surplus de peinture sur les boules. Peindre les boules en vert réséda et vert lichen, les putoiser en rond au petit putois. Créer une belle lumière en mettant un peu moins de peinture à un endroit de la boule. Peindre le point en vert lichen. Nettoyer.

Peindre les tiges avec un mélange de vert prairie extra-foncé et de vert réséda, cela en quelques coups de pinceau.

Comme précédemment, peindre les boules de gui sur l'aile de l'assiette. Avec le pinceau 8404 n° 0, écrire le mot « gui » entre les deux lignes préparées auparavant, en vert feuillage fluidifié avec une goutte d'essence de lavande. Bien centrer le mot entre les groupes de boules de gui.

Cuire.

Le houx

vert-noir, vert réséda, vert prairie extra-foncé, rouge écarlate, brun noisette, noir

martre Kolinsky 8404 n° 2/0, n° 0, 6228 n° 2, putois n° 2, n° 4

Diviser l'assiette en cinq parts égales au moyen du diviseur. Avec le trace-filet, dessiner deux cercles (trou n° 3 et n° 6 du trace-filet, cela en fonction de la largeur de l'aile de l'assiette).

Décalquer la branche de houx sur l'assiette ainsi que les boules de houx sur l'aile de l'assiette.

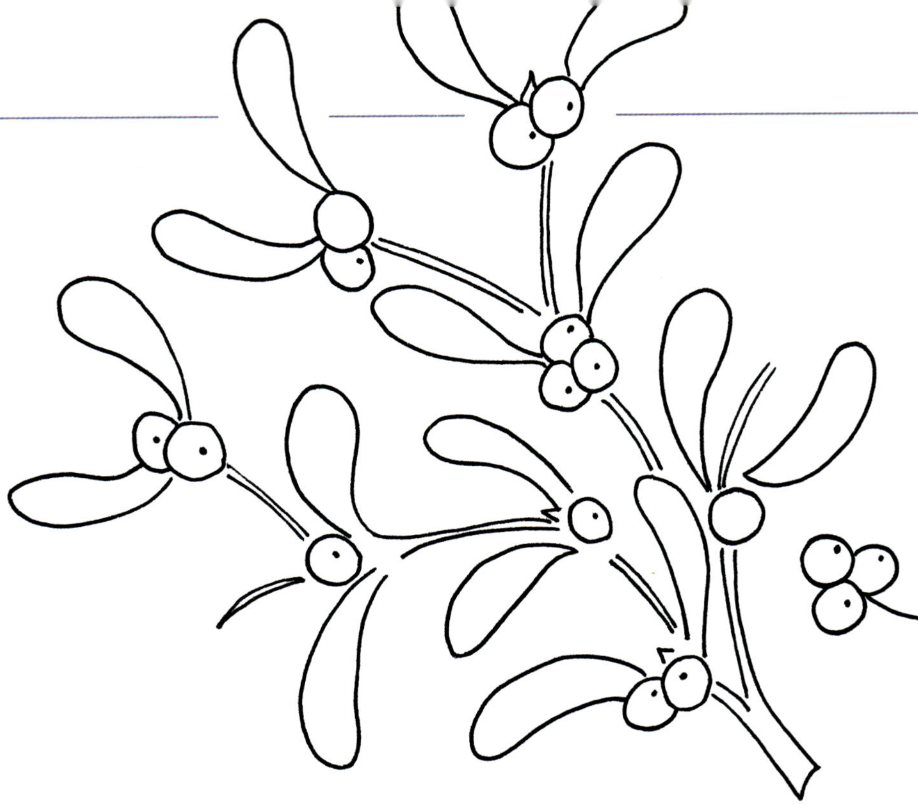

Préparer les verts. Peindre le vert prairie extra-foncé sur le centre de la feuille et le vert réséda sur son bord. Ajouter parcimonieusement le vert-noir sur le centre de la feuille.

Putoiser avec le putois n° 4 sans trop mélanger les verts. Nettoyer au bâtonnet de coton. Ourler délicatement la feuille de houx avec le vert-noir.

Avec le pinceau fin vidé de couleur, tracer la nervure centrale ainsi que les nervures latérales.

Préparer le rouge écarlate. Peindre les boules de houx, les putoiser en rond avec le putois n° 2 en créant une belle lumière, c'est-à-dire en mettant moins de couleur sur un côté de la boule. Peindre le point noir. Nettoyer si nécessaire.

Préparer le brun noisette. Peindre la tige en quelques coups de pinceau, en mélangeant de temps en temps un peu de vert au brun, cela donnera le volume de la branche.

Peindre les boules de houx sur l'aile de l'assiette comme expliqué précédemment.

Avec le pinceau 8404 n° 0, écrire le mot « houx » entre les deux lignes préparées auparavant, en vert prairie extra-foncé fluidifié avec une goutte d'essence de lavande. Bien centrer le mot entre les groupes de boules de houx.

Cuire.

Le genévrier

vert Copenhague, vert prairie extra-foncé, vert d'eau, brun Van Dyck, noir, bleu nuit

martre Kolinsky 6228 n° 2, 8404 n° 2/0, n° 0, putois n° 4

Diviser l'assiette en quatre parts égales au moyen du diviseur. Avec le trace-filet, dessiner deux cercles (trou n° 3 et n° 6 du trace-filet, cela en fonction de la largeur de l'aile de l'assiette).

Décalquer la branche de genévrier sur l'assiette ainsi que les boules de genévrier sur l'aile de l'assiette.

Peindre en brun Van Dyck et en noir les branches en un coup de pinceau plus ou moins régulier.

Préparer les trois verts. Avec le pinceau 8404 n° 0, peindre en un seul coup de pinceau les feuilles, de la branche vers l'extérieur. Utiliser les différents verts ainsi que le vert d'eau, qui sera légèrement mélangé à un autre vert. Les feuilles seront de différentes longueurs. Pour le bouquet de feuilles du haut de certaines branches, peindre d'abord les feuilles des côtés puis la feuille centrale. Certaines feuilles pourront traverser les branches. Comme pour le gui, il ne faut pas se préoccuper de l'emplacement des boules, continuer au contraire son geste de façon harmonieuse.

Nettoyer le surplus de couleur à l'emplacement des boules. Avec le pinceau 6228 n° 2 peindre les boules en bleu nuit.

Donner des petits coups de pinceau en rond et, comme par magie, le petit triangle va se former ; il n'est pas forcément au centre de la boule.

Peindre les boules de genévrier sur l'aile de l'assiette comme expliqué précédemment.

Avec le pinceau 8404 n° 0, écrire le mot « genévrier » entre les deux lignes préparées auparavant, en vert Copenhague fluidifié avec une goutte d'essence de lavande. Bien centrer le mot entre les groupes de boules de genévrier.

Cuire.

Les grandes assiettes

vert lichen, rouge écarlate, bleu nuit

brosse Kaerell n° 14, disque-éponge

Centrer l'assiette sur la tournette. L'assiette doit se trouver légèrement en dessous du niveau de la table.

Préparer la couleur avec quelques gouttes d'essence de lavande.

Étaler la couleur sur l'aile de l'assiette avec la brosse Kaerell. Putoiser légèrement avec le disque-éponge.

Actionner la tournette dans un mouvement régulier de la main gauche (pour un droitier).

L'avant-bras droit étant posé sur la table, poser le pinceau sur le bord extérieur de l'assiette et le laisser filer doucement vers le bord intérieur de l'aile de l'assiette.

Passer la lame de cutter sur le bord inférieur de l'aile de l'assiette, puis nettoyer le surplus de peinture avec un carré de tee-shirt.

Nettoyer le dessous de l'assiette.

Cuire.

Balade marine

L'étoile de mer : brun-jaune

Les poissons : rouge égyptien, rouge capucine, jaune bouton d'or, noir

Les algues : vert thym, vert olive, vert-brun

Les rochers et les cailloux : brun sépia, brun chocolat

La mer : bleu indien

martre Kolinsky 6228 n° 2 et 8404 n° 2/0, putois n° 2, n°4, n° 6, disque-éponge

Reporter le dessin des poissons dans le bol.

Préparer les couleurs.

Déposer la peinture à l'intérieur d'un poisson puis la putoiser au moyen d'un putois gros ou petit selon la taille du poisson. Penser à créer le volume en mettant plus de couleur sur le bas du corps du poisson.

Nettoyer l'œil au bâtonnet de coton, puis le peindre en noir sans oublier de donner une lumière, c'est-à-dire en ôtant un petit triangle sur l'œil et en le reputoisant légèrement avec le petit putois.

Procéder de même avec la bouche, en essayant de créer un poisson souriant.

Peindre les nageoires en un coup de pinceau.

Pour réaliser le poisson rayé, il suffit de nettoyer les futures rayures au bâtonnet de coton.

Pour réaliser les poissons à pois, il suffit de nettoyer les futurs pois au bâtonnet de coton.

Peindre l'étoile de mer en brun-jaune, la putoiser au petit putois. Avec le pinceau fin vidé de couleur, créer les piquants sur le dos et les branches de l'étoile.

Retourner le bol et peindre les rochers à la base du bol avec le pinceau 6228 n° 2. Il faut repousser la couleur pour obtenir les volumes.

En deux petits coups de pinceau, peindre des mini-poissons rouges.

Nettoyer si nécessaire et cuire.

Peindre dans le fond du bol les petits cailloux dans les couleurs indiquées.

Faire partir les algues depuis les cailloux. Peindre les algues en quelques coups de pinceau vifs. Piocher dans différents verts avec le pinceau 8404 n° 2.

Retourner le bol.

Putoiser au disque-éponge la mer en bleu indien en lui donnant des nuances plus ou moins foncées. Ajouter à la couleur une ou deux gouttes d'essence de lavande pour la fluidifier.

Nettoyer les mini-poissons rouges et, s'il y a lieu, les rochers.

Cuire.

À l'ombre du cerisier

jaune Albert clair
jaune d'œuf
brun Van Dyck
vert mousse
vert prairie extra-foncé

martre Kolinsky 8404 n° 4, 6228 n° 2
gros putois n° 5
disque-éponge
vernis à réserver

Le pichet

Reporter le dessin des citrons sur le pichet.

Poser du vernis à réserver tout autour des citrons.

Préparer les jaunes et le brun Van Dyck. Peindre en premier le citron du dessous. Pour donner une bonne lumière au citron, peindre le jaune Albert clair à gauche, le jaune d'œuf au centre et à droite. Putoiser au gros putois dans un mouvement arrondi et en laissant apparaître le grain du putois pour imiter la peau du citron. Ôter légèrement de la couleur sur la partie gauche du citron puis reputoiser. Ajouter avec le gros putois du brun Van Dyck sur la partie droite du citron.

Ôter le vernis à réserver.

Nettoyer au bâtonnet de coton l'emplacement de la tige.

Cuire.

Reporter le dessin des feuilles sur le pichet.

Retoucher légèrement les citrons surtout si le brun Van Dyck s'est estompé lors de la cuisson.

Préparer les deux verts. Peindre la tige en vert mousse.

Avec le pinceau 8404 n° 4, peindre les feuilles de la pointe à la base, en utilisant les deux verts. Peindre d'abord les feuilles du dessous puis celles du dessus.

Nettoyer si nécessaire.

Peindre et putoiser au disque-éponge le bord du pichet et l'anse en vert mousse.

Cuire.

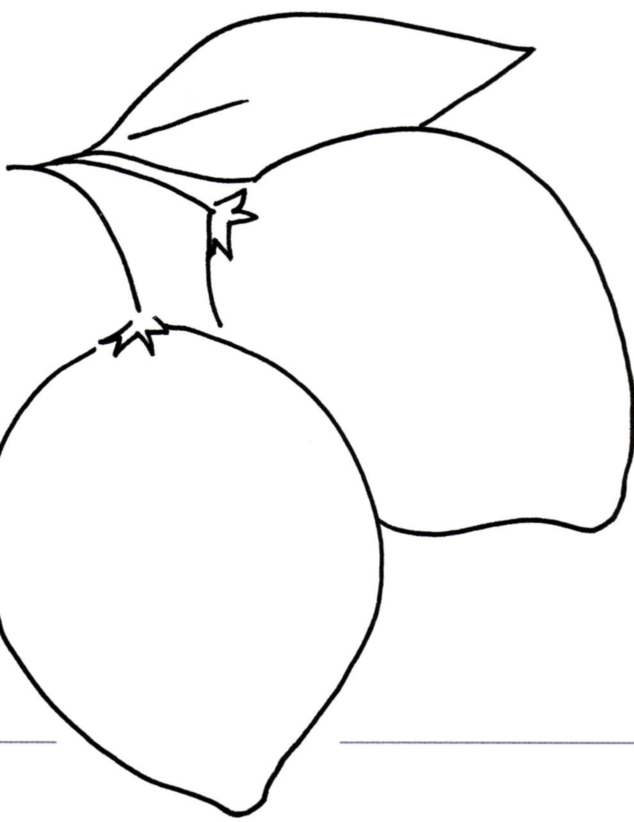

Le plat à tarte ❀❀❀

rouge Pompadour
rouge capucine
vert empire
vert mousse
vert réséda

martre Kolinsky 6228 n° 2, 8404 n° 2/0
putois n° 6, n° 4
disque-éponge

Décalquer la ribambelle de cerises dans le plat. Préparer les verts.

Explication pour une feuille

Peindre la feuille en vert mousse et en vert empire en suivant le sens des nervures. Avec le petit putois, putoiser les verts toujours en suivant le sens des nervures. Avec le pinceau fin, prendre très peu de vert réséda sur le pinceau et peindre la nervure centrale, puis les autres nervures. Au moyen d'un bâtonnet de coton ou d'une pointe caoutchouc, créer les dents de la feuille. Bien nettoyer.

Conseils : si le dessin d'une cerise se trouve sur une feuille, peindre la feuille normalement, puis créer l'espace de la cerise en ôtant le surplus de peinture au bâtonnet de coton. Lorsque deux feuilles sont superposées, il est possible de peindre la deuxième feuille au cours d'une cuisson ultérieure. Peindre les feuilles en combinant les différents verts, vert réséda et vert mousse, vert empire et vert réséda… Cuire.

Repositionner le calque dans le plat et décalquer les feuilles restantes ainsi que les cerises. Préparer les deux rouges.

Explication pour une cerise

Peindre le rouge Pompadour sur la droite de la cerise et le rouge capucine sur la gauche, le volume est déjà ainsi créé. Avec le gros putois, putoiser en rond sans trop mélanger les deux couleurs. Au moyen d'un bâtonnet de coton, créer une virgule sur la gauche de la cerise et reputoiser délicatement. Avec un bâtonnet de coton, créer la future queue de la cerise. La peindre avec le pinceau fin en vert mousse. Vérifier la propreté du travail.

Préparer une grande quantité de vert empire, ajouter une ou deux gouttes d'essence de lavande. Putoiser au disque-éponge le côté extérieur du plat et finir par la tranche. Nettoyer et cuire.

Invitation à l'ombre du cerisier

Peindre des cerises et des citrons sur des verres en plastique avec de la peinture décorative rouge grenadine, jaune soleil, vert tendre.
Dessiner des cerises sur des serviettes en papier avec des feutres pour enfants.
Préparer une tarte aux fruits et une boisson rafraîchissante, disposer l'ensemble dans un panier en osier et partir à la recherche de l'ombre d'un cerisier !

L'escargot…

rouge égyptien, vert printanier,
vert prairie extra-foncé, réséda, brun,
jaune bouton d'or, noir

martre Kolinsky 8404 n° 2/0, n° 0
6228 n° 2
putois n° 2, n° 4
disque-éponge

Décalquer la grenouille et l'escargot.

L'escargot

Préparer les couleurs rouge égyptien et brun.

Peindre la coquille en rouge égyptien, la putoiser en suivant la spirale avec les putois n° 4 et n° 2, le volume va ainsi se créer. Avec le pinceau 8404 n° 0, tracer une ligne arrondie pour former le bord de la coquille. Nettoyer.

Peindre le corps en brun, le putoiser avec les putois n° 4 et n° 2. Nettoyer. Avec le pinceau 8404 n° 2/0, peindre la bouche et les antennes. Poser un point noir sur les antennes du dessus en guise

... et la grenouille ❀❀❀

La grenouille

Préparer la couleur vert printanier. Peindre le dessus de la grenouille. Avec les deux putois, putoiser le vert en essayant de donner du volume au corps de la grenouille. Peindre le brun et le putoiser de la même façon. Peindre l'œil en noir et brun, donner une lumière en effaçant un coin de l'œil et en le reputoisant légèrement. Nettoyer si nécessaire et cuire.

Le champ de boutons d'or

Préparer les trois verts et le jaune bouton d'or. Avec le pinceau 8404 n° 2/0, peindre les brins d'herbe dans les trois verts, en donnant de légers coups de pinceau. Avec le pinceau 8404 n° 0, peindre les fleurs en jaune bouton d'or en partant de la base de la fleur. Peindre les sépales en vert, puis les tiges. Cuire.

Putoiser très légèrement le fond resté blanc en vert réséda. Nettoyer les fleurs. Rehausser si nécessaire les brins d'herbe. Cuire.

Le conte

Avec le trace-filet, tracer trois lignes à égale distance (trous du trace-filet dans l'exemple donné : 4, 7, 10). Écrire le texte (voir page 92) sur l'aile de l'assiette en rouge égyptien avec le pinceau 8404 n° 2/0. Pour une meilleure régularité de l'écriture, pencher l'assiette. Cuire.

Les éventails

rouge capucine, brun, bleu toucan, turquoise clair, vert foncé, vert pistache, jaune Albert foncé, violet, lavande, noir, ivoire

martre Kolinsky 8404 n° 2/0, 6228 n° 2, pinceau sifflet

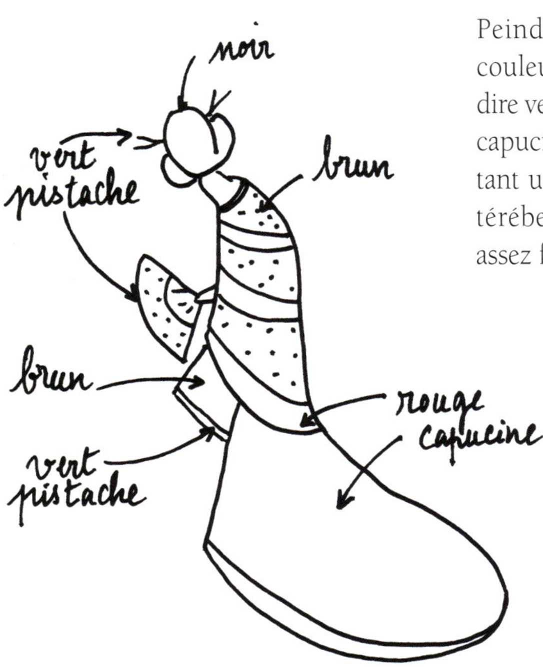

Les personnages

Décalquer le personnage en prenant soin de le centrer correctement sur l'assiette.

Avec les pinceaux martre Kolinsky 8404 n° 2/0, 6228 n° 2, peindre les kimonos dans les couleurs indiquées sur les calques en suivant le mouvement du vêtement. Peindre la chevelure en noir en partant du visage.

Laisser sécher plusieurs heures. Gratter les motifs du kimono et de l'éventail s'il y a lieu à l'aide d'un pique-olives. Épousseter très délicatement.

Nettoyer et cuire.

Peindre les motifs dans les couleurs indiquées.

Les visages seront peints en ivoire.

Cuire.

Peindre les filets dans les différentes couleurs majeures du kimono, c'est-à-dire vert foncé, violet, bleu toucan, rouge capucine. Préparer la couleur en y ajoutant un peu d'essence de lavande et de térébenthine, la préparation doit être assez fluide.

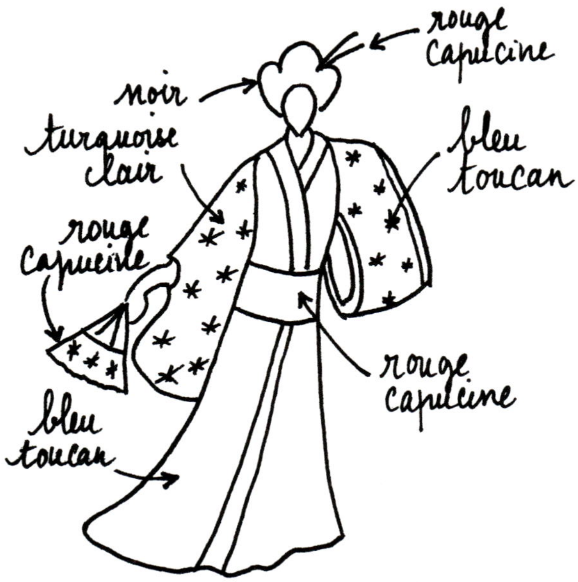
rouge capucine
noir
turquoise clair
bleu toucan
rouge capucine
rouge capucine
bleu toucan

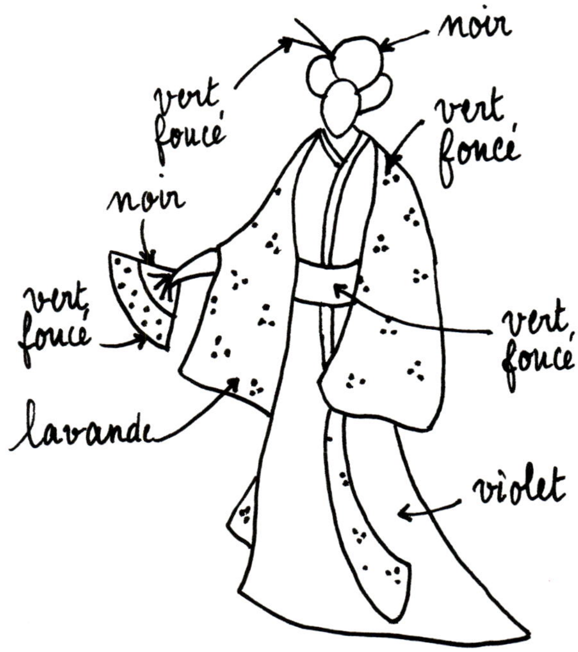
noir
vert foncé
vert foncé
noir
vert foncé
vert foncé
lavande
violet

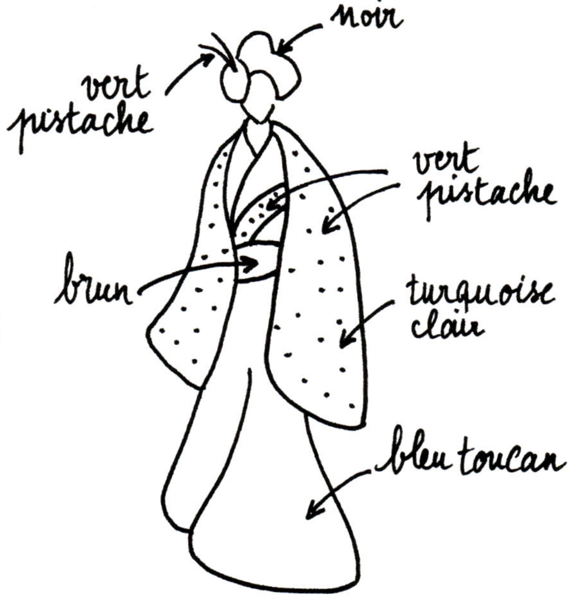
noir
vert pistache
vert pistache
brun
turquoise clair
bleu toucan

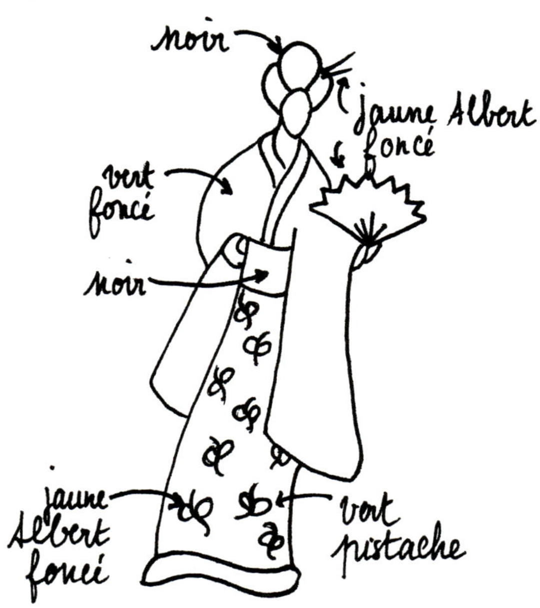
noir
jaune Albert foncé
vert foncé
noir
jaune Albert foncé
vert pistache

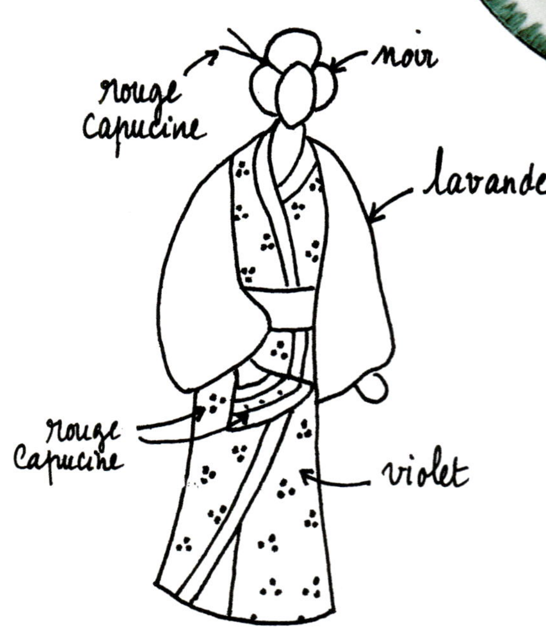
noir
rouge capucine
lavande
rouge capucine
violet

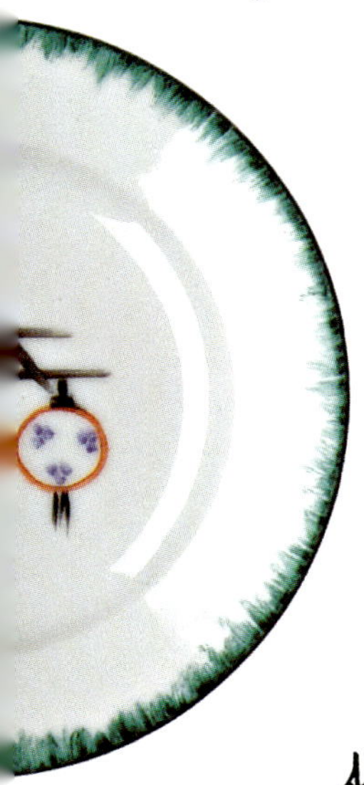

Les filets

Centrer l'assiette sur la tournette. Régler la tournette à la bonne hauteur, l'assiette doit se trouver légèrement en dessous du niveau de la table ou du support où sera posé l'avant-bras.

Bien charger le pinceau de couleur, sans excès non plus. Pour cela, donner deux ou trois coups de pinceau sur le carreau avant de commencer le filet. Poser l'avant-bras sur la table, le pinceau en direction de l'assiette. Actionner avec l'autre main la tige de la tournette de façon très régulière et sans précipitation. Poser la pointe du pinceau sur l'aile de l'assiette et tourner. La couleur va se déposer ainsi. Ne pas hésiter à effacer si le résultat n'est pas parfait.

Le filet extérieur sera entier, les filets intérieurs seront coupés de façon harmonieuse.

Cuire.

Les lampions

Avec le pinceau martre Kolinsky 8404 n° 2/0, peindre les lampions avec les différentes couleurs. Peindre des filets « à ma façon » sur l'aile de l'assiette dans les mêmes couleurs que les grandes assiettes. Il existe deux méthodes pour créer ces filets. Poser la peinture en de petits coups de pinceau brefs, toujours identiques, de l'intérieur vers l'extérieur de l'assiette, comme une sorte de « brossé », ou poser la peinture en de petits coups de pinceau brefs allant dans tous les sens, de l'intérieur vers l'extérieur de l'assiette.

Les ors & les platines

Les ors et les platines

L'or mat et l'or brillant

Il existe deux ors différents sur le marché, l'or brillant à faible titrage et l'or mat titré de façon plus importante.

Il se présente sous forme d'un liquide brun et épais. Il faut secouer sa petite bouteille pendant un grand nombre de minutes pour une bonne homogénéité du produit.

Un pinceau sera réservé uniquement à l'usage de l'or. Il sera nettoyé dans l'essence pour or à la fin du travail, puis rangé à l'abri de toute poussière.

L'essence pour or peut servir de diluant si l'or devient trop épais, une ou deux gouttes seulement.

Avant de peindre de l'or, il faut s'assurer de la propreté du support, la poussière en étant la grande ennemie.

Déposer un peu d'or dans un godet en verre ou en porcelaine prévu à cet effet. (Il n'est pas recommandé de tremper son pinceau directement dans le flacon d'or.) Il ne faut pas poser l'or en couche épaisse sur la porcelaine. Les résultats après cuisson seraient alors très décevants. Il est impératif de parfaitement nettoyer les petites taches d'or à la fin du travail, sinon elles se verront après cuisson. Si après toutes ces précautions il reste une trace d'or, on peut essayer de la faire disparaître avec la gomme pour or.

Si l'or a été peint sur une porcelaine blanche, celle-ci sera cuite normalement avec les autres pièces de couleur à environ 810 °C. Si l'or a été posé sur la porcelaine déjà peinte et cuite, celle-ci sera cuite à 680°-700 °C.

Après la cuisson, il faut polir l'or mat au gratte-bosse. Pour déposer de l'or sur de grandes surfaces, il est possible de le putoiser au disque-éponge.

Le platine

Le platine aura un aspect argenté à la sortie du four. Il se peint comme l'or, les recommandations de propreté et de pose sont les mêmes. Il est préférable de ne pas mettre au lave-vaisselle la porcelaine ainsi peinte.

Noël en rouge & en vert

rouge égyptien
vert empire
or brillant

disque-éponge, vernis à réserver

Le travail s'effectue en trois temps principaux, la pose de la couleur verte, la pose de la couleur rouge et enfin celle de l'or.

Reporter les étoiles et les lunes sur la porcelaine. Délimiter les zones rouges et vertes.

Pour faciliter la pose de la couleur verte, il faut mettre du vernis à réserver à l'intérieur des étoiles et des lunes de la future zone verte et à l'extérieur des étoiles et des lunes de la future zone rouge. Délimiter aussi l'extérieur de la zone verte avec le vernis à réserver.

Préparer la couleur verte en ajoutant une goutte d'essence de lavande. Putoiser au disque-éponge la zone verte, les étoiles et les lunes de la future zone rouge.

Ôter délicatement le vernis à réserver avec l'épingle et la pince à épiler.

Nettoyer et cuire.

Procéder de même pour la zone rouge.

Peindre l'extérieur de la coupelle en rouge ou en vert.

Cuire.

Poser l'or brillant avec un pinceau fin autour des lunes et des étoiles et à la délimitation des zones rouges et vertes.

Cuire à 680 °C.

Les masques en or

noir,
or brillant,
or mat

disque-éponge
vernis à réserver

Première version

Décalquer les masques dans le vide-poches. Poser le vernis à réserver à l'extérieur du dessin et sur l'emplacement des yeux.

Peindre et putoiser au disque-éponge les masques en noir.

Ôter le vernis à réserver avec une épingle et une pince à épiler.

Nettoyer si nécessaire et cuire.

Peindre les liens en or mat.

Cuire.

Polir l'or mat au moyen du gratte-bosse.

Peindre et putoiser en noir les côtés du vide-poches.

Nettoyer et cuire.

Peindre des points en or brillant sur les côtés du vide-poches.

Peindre un filet fait de petits trait irréguliers « à ma façon ».

Cuire à 680 °C.

Deuxième version

Décalquer les masques dans le vide-poches. Poser le vernis à réserver sur le dessin.

Peindre et putoiser au disque-éponge le vide-poches en noir.

Ôter le vernis à réserver, nettoyer et cuire.

Peindre les liens en or brillant ainsi que les points.

Peindre un filet fait de petits traits irréguliers.

Cuire à 680 °C.

Variations en noir & blanc

Les galets

noir

martre Kolinsky 6228 n° 2
disque-éponge

Dessiner les différents cercles ou signes sur la porcelaine avec le crayon à porcelaine.

Préparer la couleur noire au médium en ajoutant une ou deux gouttes d'essence de lavande.

Peindre les lignes ou les signes.

Cuire.

Putoiser en noir l'extérieur de la coupelle.

Cuire.

Idée en plus

Peindre des galets à la peinture décorative brillante, les vernir.

Les taches

noir

disque-éponge, vernis à réserver

Première version

Dessiner au crayon à porcelaine les taches sur le bol. Mettre quelques taches à cheval sur le bord de la coupelle.

Poser le vernis à réserver à l'extérieur des taches.

En commençant par l'intérieur de la coupelle, peindre et putoiser les taches au disque-éponge.

Ôter le vernis à réserver avec l'épingle et la pince à épiler. Nettoyer et cuire. Procéder de même pour l'extérieur de la coupelle.

Deuxième version

Dessiner au crayon à porcelaine les taches sur le bol. Mettre quelques taches à cheval sur le bord de la coupelle.

Poser le vernis à réserver à l'intérieur des taches.

En commençant par l'intérieur de la coupelle, peindre et putoiser le blanc restant au disque-éponge.

Ôter le vernis à réserver avec l'épingle et la pince à épiler.

Nettoyer et cuire.

Procéder de même pour l'extérieur de la coupelle.

Idée de présentation

On peut peindre un plateau en noir et blanc avec de la peinture acrylique.

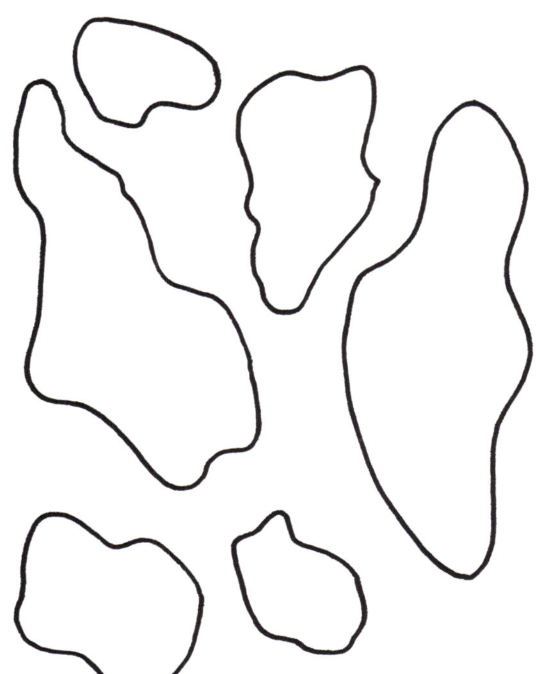

Les ressorts

noir

pinceau sifflet

Préparer la couleur de façon assez fluide, comme pour un filet.

Poser le coquetier au centre de la tournette. Peindre le filet sur le coquetier en descendant très progressivement le pinceau, procéder de même pour le pied du coquetier.

Les œillets

noir

ruban adhésif de 6 mm
œillets de bonne qualité
disque-éponge

Poser le ruban adhésif en biais, poser les œillets.

Peindre et putoiser le noir.

Ôter le ruban adhésif. Retirer les œillets avec une épingle et une pince à épiler.

Nettoyer et cuire.

Préparer le noir en ajoutant quelques gouttes d'essence de lavande et du fondant.

Appliquer très peu de couleur sur les parties à peindre afin d'obtenir un gris. Putoiser au disque-éponge.

Nettoyer et cuire.

IDÉE DE CADEAU

Envelopper les tasses et les soucoupes dans du papier de soie et les ranger dans une boîte à chaussures recouverte par vos soins d'un papier en harmonie avec l'ensemble.

Les anges

turquoise foncé, jaune Albert foncé, rouge égyptien, vert foncé

martre Kolinsky 6228 n° 2, 8404 n° 0, n° 2/0

Ils flottaient si doucement
dans la nuit sans étoiles.

John Milton

J'ai vu un ange dans le marbre
et j'ai seulement ciselé
jusqu'à l'en libérer.

Michel-Ange

Les hommes ne sont que
des anges stagiaires.

Victor Hugo

Par commodité, le travail s'effectue en plusieurs cuissons.

Dessiner les anges (les modèles présentés ici sont inspirés du Moyen Âge). Préparer les couleurs.

Peindre les différents éléments des ailes et des robes avec le pinceau large. Laisser sécher. Gratter avec un pique-olives les ronds et les traits. Nettoyer et cuire. Répéter l'opération autant de fois que nécessaire.

Bonne nuit doux prince,
Et qu'une armée d'anges
Chantent pour ton repos.

Shakespeare

L'air n'est plus que rayons
tant il est semé d'anges.

Agrippa d'Aubigné

Remerciements

Je ne saurais que trop remercier encore une fois,
Martine et Charlie
pour leur efficacité,
leur gentillesse et leur bonne humeur.

Texte à reproduire
« L'escargot et la grenouille », pages 68-69

« Il était une fois une grenouille, il était une fois un escargot. Avaient-ils quelque chose à se raconter…, pourquoi pas ! Le bleu du ciel, la chaleur du soleil, la fraîcheur de la pluie…, l'herbe verte et la course après la vie.

– Bonjour, dit l'escargot.

– Bonjour, répond la grenouille.

– Tu sais parler, toi ?

– Et toi ?

– Il fait beau aujourd'hui, c'est le printemps, on dirait !

– Tu connais le champ des boutons d'or ?

– C'est quoi, un bouton d'or ?

– Viens, je vais t'apprendre la fleur lumineuse.

– Pourquoi tu l'appelles lumineuse ?

–… »

Bonnes adresses

Pour connaître l'adresse de ces magasins dans votre région, appeler les numéros précédés d'un astérisque (*)

ATELIERS CRÉATIFS
18, rue du Garet – 69001 Lyon
Tél. / fax : 04 78 28 32 16

CÉRADEL
111, rue de Crimée – 75019 Paris
Tél. * 01 48 11 11 11

DÉCOR 2 M
68, rue Crillon – 69006 Lyon
Tél. / fax : 04 78 89 54 40

ÉCLAT DE VERRE
6, rue Paul-Vaillant-Couturier – 92300 Levallois-Perret
Tél. * 01 30 83 27 70
www.eclatdeverre.com

LOISIRS ET CRÉATIONS
53, rue de Passy – 75016 Paris
Tél. : * 01 41 80 64 00

M'ART'IN PORCELAINE
59, rue Rennequin – 75017 Paris
Tél. : 01 43 80 97 44
www.martinporcelaine.com

PETER LAVEM
5, rue de Picardie – 94100 Saint-Maur-des-Fossés
Tél. 01 48 83 28 97

ROUGIER ET PLÉ
Tél. : * 01 64 54 70 00
www.rougieretplé.fr

TRUFFAUT
Service Consommateurs
Parc Léonard de Vinci – Avenue des Parcs
CP 8015 Lisses – 91008 Évry Cedex
Minitel : 3614 Truffaut
www.truffaut.com

Photos
Charlie Abad

Stylisme
Aude Bernard & Charlie Abad

Conception et mise en pages
Atelier Gérard Finel
3, rue Lacépède, 75005 Paris

Gravure
R.V. B. Éditions, Montrouge

Imprimé en France par IME – Baume-les-Dames (25)